Illustrations : F. Valiente / Equipe Susaeta

© SUSAETA EDICIONES, S.A.
© 2011 **Éditions Piccolia**
5, rue d'Alembert
91240 Saint-Michel-sur-Orge
Dépôt légal : 2ème trimestre 2011
Loi n°49-956 du 16 juillet 1949
sur les publications destinées à la jeunesse.
Imprimé en Espagne.

OBSERVE LE FOOTBALL

ET TROUVE L'INTRUS...

Piccolia

OÙ EST NÉ LE FOOTBALL ?

Même si, le football a toujours été considéré comme originaire d'Angleterre, dans la Chine ancienne, on jouait déjà à un sport similaire, le « cuju ». Ce sport consistait à faire pénétrer une balle de cuir dans un filet en la déplaçant à coups de pied.

Il y a 2 hirondelles. Les vois-tu ?

Selon la légende, un prince de la dynastie Song montrait à ses serviteurs son habileté dans le maniement du ballon. Tout à coup, il frappa la balle avec force. Un domestique parvint à l'arrêter avec agilité. Avant de tomber au sol, il la renvoya au prince, qui s'en émerveilla. C'est ainsi que le cuju devint un sport à la mode. Retrouve 2 Chinois qui portent des chaussures de foot d'aujourd'hui.

En Chine, au sein de l'armée, entre deux batailles, des parties de cuju s'organisaient entre les soldats pour entretenir le moral des troupes. Vois-tu 5 boucliers perdus ?

Au Japon, on jouait à un jeu similaire, appelé le kemari. Ce jeu consistait à se passer la balle à l'aide des pieds sans qu'elle ne touche jamais le sol. Les joueurs étaient vêtus de costumes avec de grandes manches de soie, qui cachaient complètement les mains.

Dans la Rome Antique, on pratiquait également un jeu appelé « harpastum », dont le but était d'emporter un ballon dans le camp adverse, un peu comme le rugby. Cherche 2 guerriers romains.

6   Il y a 8 balles différentes. Peux-tu les trouver ?

Les Mayas jouaient à un autre sport encore plus spectaculaire, qui s'appelait le « pok-ta-pok ». Il se jouait sur une arène de sable où il fallait envoyer la balle à travers des anneaux fixés sur une paroi de pierre. Trouve 2 anneaux de pierre semblables à ceux-là.

Ce jeu maya finissait de façon cruelle : Le chef de l'équipe des vaincus était décapité. Il y a 2 têtes qui traînent. Les vois-tu ?

ENFIN DES RÈGLES !

Le jeu romain original appelé « harpastum » se répandit en Europe et, durant tout le Moyen Âge. Des caractéristiques différentes se développèrent suivant les endroits. Dans les îles Britanniques, ce jeu primitif fut finalement harmonisé et les règles du football, tel que nous les connaissons, furent créées.

Un ballon ne fait pas partie de cette scène. Le vois-tu ?

En France, il existe une variante appelée la « soule ». Elle se déroulait à la campagne comme en ville ; la durée du jeu était indéterminée et la balle, de la taille d'un ballon de rugby, était faite de boyaux de porc. Ce jeu était extrêmement violent. Retrouve 3 trousses à pharmacie ?

En Angleterre, au XIVe siècle, le type de « football » qui était pratiqué était tellement violent que le roi Édouard II le déclara illégal ; on commença alors à y jouer clandestinement dans tout le royaume. On avait même le droit de se taper avec un bâton ! Cherche 5 bâtons.

Des villages entiers participaient à la soule dont le but était de transporter la balle jusqu'à la base du village adverse au milieu d'un tumulte indescriptible, qui faisait beaucoup de blessés, et même des morts. Trouveras-tu les 6 chaussures qui ont été perdues ?

Regarde les beaux costumes des joueurs de « calcio florentin », un sport traditionnel italien. Avec celui-ci, il y a 8 ballons. Trouve-les !

Le « **calcio florentin** » opposait deux équipes de 27 joueurs chacune sur un terrain sablonneux. L'objectif était de placer le ballon dans la cage adverse. Les coups de poing et les coups de pied étaient permis. Au XIXᵉ siècle, à Cambridge, en Angleterre, les bases du football ont été écrites, avec la création des « **13 règles** » qui ont façonné ce sport pour arriver à ce que nous connaissons aujourd'hui.

Les règles du football

Trouve 3 parchemins de ce type.

Peux-tu repérer 13 drapeaux de l'équipe bleue ?

9

LES PARTICIPANTS

Lors d'un match de football aujourd'hui, on dénombre un total de 25 participants : 11 joueurs dans chaque équipe, 1 arbitre et 2 arbitres de lignes ou arbitres assistants. Mais il y a aussi sur le banc de touche les remplaçants, l'entraîneur, les soigneurs...

Il y a 3 joueurs avec un objet qu'ils ne devraient pas porter. Les vois-tu ?

L'arbitre est la personne qui observe et contrôle que chacun respecte les règles du jeu et qu'aucune d'elles n'est ignorée. Sur toute la page, il y a 14 ballons de toutes sortes. Les vois-tu ?

Pour chaque équipe, l'entraîneur détermine quels sont les joueurs qui vont jouer le match. Il étudie aussi la stratégie de jeu la plus adaptée pour gagner chaque match, en observant le type de jeu de l'adversaire. Celui-ci a perdu son carnet de notes.

La tenue des joueurs est réglementée et comprend un maillot, un short, des chaussettes, des protège-tibias et des chaussures à crampons. Un seul joueur est habillé différemment des autres. Lequel ?

Les « avants » ou « attaquants » sont la force de frappe de l'équipe : ce sont généralement eux qui marquent les buts. Les « arrières » ou « défenseurs » sont les joueurs qui protègent la zone autour du but et qui contiennent les attaques des attaquants adverses. Retrouve un ballon de rugby !

Les « milieux de terrain » jouent entre les défenseurs et les attaquants, et ce sont les organisateurs du jeu. Ils peuvent passer à l'attaque, ou au contraire « descendre » pour défendre leur but.

Le gardien de but est chargé d'empêcher le ballon de pénétrer dans le but qu'il défend.

L'arbitre dispose d'un **sifflet** qu'il utilise pour lancer la partie, quand une faute est commise, pour reprendre le jeu et pour signaler la fin du match.
Retrouve 3 sifflets.

L'arbitre assistant, situé derrière la ligne de touche, signale avec son drapeau les fautes. Il est d'une grande aide pour l'arbitre.
As-tu repéré les 3 drapeaux sur le terrain ?

Le ballon est lui aussi réglementé :
– il doit être de **forme sphérique**,
– en cuir ou dans une autre matière adéquate,
– d'une **circonférence** comprise entre 68 et 70 cm,
– d'un **poids** compris entre 410 et 450 g,
– et d'une **pression** comprise entre 0,6 et 1,1 bar au niveau de la mer.

Un des ballons ne respecte pas ces normes. Lequel est-ce ?

LE TERRAIN DE JEU

Aujourd'hui, c'est la journée porte ouverte du stade de football : les enfants peuvent pénétrer sur le terrain pour en apprendre plus sur les règles du jeu, découvrir le stade et être sur la pelouse comme leurs idoles. C'est un grand jour pour eux !

Certains enfants ont amené leur animal de compagnie. Peux-tu les trouver tous les 7 ?

La **cage** est un cadre de bois ou de métal fixé dans le sol. Elle se compose de deux poteaux, d'une barre transversale et d'un filet qui permet de garder le ballon au fond de la cage. Les dimensions officielles des buts sont de 7,32 m de large par 2,44 m de haut.
Retrouve 1 raquette de tennis.

À chaque extrémité du rectangle, on trouve un petit **drapeau** et un petit arc dessiné sur le sol : c'est ce qu'on appelle le « coin ». En observant toute la page, retrouve 2 drapeaux qui ne sont pas bien placés.

La ligne qui divise le terrain en deux s'appelle la **ligne médiane**. Au centre de cette ligne se trouve un point entouré d'un cercle : c'est sur ce point que le ballon sera déposé pour commencer le match. Retrouve 2 balles qui ne servent pas à jouer au football.

Devant le but, il y a un rectangle plus petit que la surface de réparation qu'on appelle la zone de but. Il existe également un point à 11 mètres du but pour tirer les **pénalties**.

Pour faire un terrain de football, on dessine d'abord un grand rectangle : les lignes latérales (les plus longues) sont appelées les lignes de touche et les lignes les plus courtes sont les lignes de but. Trouve 2 taupes.

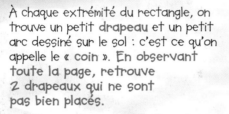

Sur la ligne de but, un grand rectangle est dessiné, il définit la **surface de réparation**, si une faute est commise dans cette zone, il y a penalty. Le demi-cercle est une limite à ne pas dépasser lors d'un penalty. Il y a 8 ballons sur cette page. Les vois-tu ?

Les lignes du terrain mesurent 12 cm d'épaisseur. Pour être bien droites, on utilise des cordes pour les tracer avec une machine qui dépose de la poudre de plâtre. Vois-tu l objet qui sert à jouer au hockey ?

Les matchs de football se disputent sur du **gazon naturel** ou artificiel. Le terrain doit mesurer entre 45 et 90 m de large sur 90 à 120 m de long, délimité par des lignes blanches.

LE STADE

Un stade est une enceinte fermée équipée de gradins, principalement destiné aux compétitions sportives. Il se compose d'un terrain entouré d'une structure permettant d'accueillir les spectateurs lors d'événements sportifs, mais aussi musicaux ou autres.

Un des joueurs s'est trompé de short. Le vois-tu ?

Le stade le plus ancien que nous connaissons est celui d'Olympie, en Grèce. C'est là qu'ont eu lieu les premiers Jeux olympiques en 776 av. J.-C. Peux-tu trouver 1 ballon de foot d'une autre époque ?

Le Rungrado May Day stadium est le plus grand stade de football du monde. Il se trouve dans la ville de Pyongyang (Corée du Nord) et peut accueillir 150 000 spectateurs. Il a de multiples usages, car il dispose entre autres d'une piste d'athlétisme et d'un terrain de football.

Les stades mettent en place toutes sortes de mesures de sécurité : des tourniquets qui contrôlent le passage du public, du personnel médical en cas de malaise ou d'accident, ainsi que bien d'autres personnels. En cas d'urgence, il existe de nombreux accès très larges et des sorties de secours. Retrouve les 4 feux de Bengale lancés par des inconscients.

Parfois une séparation entre les spectateurs et le terrain est érigé sous forme de barrière ou d'un écran transparent. Elle empêche le public d'accéder au terrain ou de lancer des objets sur les joueurs.
Des vandales ont lancé 2 bouteilles de verre sur le terrain. Trouve-les.

Malheureusement, les actes de vandalisme sont encore courants chez les supporters, entraînant même parfois des décès.

On trouve également dans les stades des cafétérias et de petits stands pour acheter une boisson ou de la nourriture. Vois-tu les 5 canettes sur le terrain ?

Le tableau d'affichage affiche les buts marqués par chaque équipe. Parfois, un écran géant permet aux spectateurs de voir en gros plan les actions des joueurs et les ralentis. Recherche 5 sandwichs sur cette page.

FOOTBALL - FAIR PLAY IN FOOTBALL - FAIR PLAY IN FOOTBALL - FAIR PLAY IN FOOTBALL

PLAY IN FOOT

FOOTBALL - FA

FOOTBALL - FAIR PLAY IN FOOTBALL - FAIR PLAY IN FOOTBALL

ÇA SE RESPECTE !

Lors d'un match, les joueurs doivent respecter des règles bien précises. Ainsi le match se déroule dans de bonnes conditions et le spectateur comprend plus facilement les actions et les arrêts de jeu.

Il y a 3 joueurs qui jouent avec une montre. C'est interdit !

Les joueurs n'ont pas le droit de s'agresser, de se tirer par le maillot ou de faire tomber l'adversaire. L'arbitre observe tout ce qui se passe et, s'il considère qu'une action est incorrecte, il interrompt le jeu d'un coup de sifflet. Vois-tu 3 aérosols pour soigner les coups ?

La balle sort en touche, l'arbitre détermine quelle équipe la remet en jeu.

Avant le match l'arbitre lance une **pièce de monnaie** pour faire un pile ou face. Le gagnant choisit dans la partie du terrain où il débutera le match, le perdant donnera le premier coup de pied. Vois-tu les 3 pièces ?

Suite au tir d'un adversaire, le ballon sort en franchissant la ligne de but, le gardien effectue la **remise en jeu**. Par contre, s'il a été touché par un de ses joueurs, la remise en jeu se fait en corner et l'équipe adverse relance le jeu.

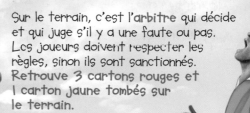

Sur le terrain, c'est l'arbitre qui décide et qui juge s'il y a une faute ou pas. Les joueurs doivent respecter les règles, sinon ils sont sanctionnés. Retrouve 3 cartons rouges et 1 carton jaune tombés sur le terrain.

Cherche 2 maillots sur le terrain !

Un but est marqué quand le ballon franchit complétement la ligne blanche du but et qu'il n'y a pas eu de fautes.

Là, il y a but.

Là, il n'y a pas but.

À la fin du temps réglementaire, l'arbitre signale la fin du match par trois coups de sifflets. Un joueur sur le terrain ne respecte pas le réglement.
Sais-tu lequel ?

Le gardien est le seul à pouvoir toucher le ballon avec les mains. Il doit tout faire pour que le ballon ne rentre pas dans ses buts, sans commettre de fautes sur l'adversaire.

Si le ballon sort en franchissant la ligne de touche, la remise en jeu s'effectue à deux mains par un joueur situé derrière la ligne de touche.

Le temps de jeu d'un match est de 90 minutes. Il est divisé en deux mi-temps de 45 minutes séparées par une pause qui ne doit pas dépasser 15 minutes.
Cherche bien 4 sifflets !

17

LES CLUBS

Ce sont des entités destinées à la pratique et à la promotion de ce sport. Chacun possède ses caractères distinctifs, son équipement, ses couleurs et son écusson, et certains possèdent même leur propre stade ou leur musée des trophées.

5 coupes n'ont rien à voir avec le football. Les vois-tu ?

Parmi les supporters, il existe des groupes très violents qui causent de gros problèmes lors des manifestations sportives. Peux-tu voir 5 coupes identiques ?

La rivalité entre les clubs conduit à l'apparition de supporters et crée des liens entre leurs membres. Certains joueurs deviennent de véritables idoles qui sont admirés par tous, et quand les joueurs vont s'entraîner, il y a toujours du monde pour leur demander une photo ou un autographe Trouve 3 trophées en forme de footballeur.

Certains pères transmettent à leurs enfants leur passion pour leurs clubs favoris et ce dès le plus jeune âge. 4 sucettes ont été perdues. Retrouve-les.

Mais la grande majorité des supporters soutient son club avec un bon esprit et participe aux matchs dans un esprit festif. Peux-tu retrouver le trophée du soulier d'or ?

Les supporters d'une équipe de football se maquillent parfois le visage aux couleurs de leur équipe, tout en brandissant toutes sortes de bannières et d'écharpes.
Trouveras-tu
10 médailles ?

LE MATCH A COMMENCÉ

Le stade est bondé, l'arbitre a sifflé le début du match et les deux clubs rivaux s'affrontent pour la coupe de la ligue. Chaque joueur se donne à fond et le match bat son plein tandis qu'ils poursuivent tous un seul et même objectif : gagner !

Il y a 1 ballon très ancien. Le vois-tu ?

Lors de matchs plus ou moins importants, certains supporters doivent être maîtrisés par la police. Ils utilisent des chiens pour les dissuader de commettre des actes de vandalisme. Cherche 4 chiens.

Des faits amusants peuvent se produire, comme quand la chaussure du joueur s'envole en suivant le ballon. Comme il est interdit de jouer au football sans chaussures, l'arbitre interrompt le match. Retrouve 3 chaussures.

Parfois, il faut interrompre la partie, car, le public garde le ballon qui a atterri dans les gradins ; il faut alors le remplacer par un des ballons de réserve. Sur toute la page, trouve 14 ballons de toutes sortes.

Lors d'une rencontre, de nombreux incidents peuvent se produire énervant ainsi les spectateurs et les membres des clubs, comme par exemple quand un but facile est raté. Cherche 4 sifflets que l'arbitre a perdus.

Lors d'une finale, s'il y a match nul à la fin du temps réglementaire, il y a une prolongation de jeu pendant 30 minutes. Si le score est toujours à égalité, chaque équipe tire 5 penalties et l'équipe qui en marque le plus remporte le match.

Les agressions ne se produisent pas que dans les gradins, les joueurs aussi peuvent avoir des altercations, qui ont plus d'une fois conduit des footballeurs à ne pas pouvoir revenir sur le terrain pendant des mois. Ces actions peuvent être un motif d'expulsion directe.

Lors des grands matchs, les stades sont décorés et le public vibre à chaque action : il chante, applaudit, agite des bannières, jette des confettis... Retrouve 5 ballons de baudruche !

Parfois, les joueurs peuvent avoir un comportement insultant envers le public. Cependant, si l'arbitre le remarque, le joueur risque d'être sanctionné. Cherche 1 ballon dégonflé parmi tous ceux que tu as comptés.

Contrairement à ce qui se passe lors d'un match ou d'une prolongation, pendant une **série de tirs au but**, si le gardien ou le poteau renvoie la balle, le tireur du pénalty ne peut pas la reprendre de volée, ni un autre joueur.

21

LES BUTS

On peut parler de but ou de « goal », un mot qui vient de l'anglais et qui signifie « objectif ». L'action de marquer un but suppose que le ballon pénètre dans un emplacement défini, ce qui est le principe de nombreux jeux. En football, un but est marqué quand le ballon franchit la ligne de but et pénètre à l'intérieur de la cage.

Un des joueurs porte un maillot avec un numéro à l'envers, l'as-tu repéré ?

Le match durant lequel le plus grand nombre de buts a été marqué a été la rencontre Australie-Samoa américaines, que l'Australie a remporté 32 buts à 0. Cherche un ballon qui ne sert pas à jouer au football.

Pelé est le meilleur buteur professionnel de tous les temps. Il a marqué 1 282 buts en 1 366 matchs sur 21 ans de carrière (1956-1977). Un ballon ancien comme celui-ci s'est glissé ici. Peux-tu le chercher ?

Les gardiens de but suivent attentivement le match : ils donnent des instructions à leurs coéquipiers pour leur permettre de récupérer le ballon au cas où celui-ci se rapprocherait trop de leur but. Il y a 5 ballons avec des étoiles. Trouve-les !

Le but le plus rapide de première division fut l'œuvre de l'Uruguayen Ricardo Olivera, à peine 2,8 secondes après le début du match, le 26 décembre 1998. Un joueur porte une chaussure de toutes les couleurs. Le vois-tu ?

Le but contre son camp le plus rapide a eu lieu lors du mondial de 2006 en Allemagne, lors du match « Paraguay/Angleterre ». Carlos Gamarra a marqué dans son propre camp 3 minutes après le début de la partie. Lors d'un coup franc, un joueur n'est pas à sa place. Lequel ?

Le gardien de but est le seul joueur qui peut se servir de ses mains et de ses bras (mais seulement à l'intérieur de la zone de but) pour attraper le ballon et empêcher ainsi l'adversaire de marquer, ou pour le lancer à ses coéquipiers.
Un des joueurs s'est trompé de maillot. Trouve-le.

Un mur de joueurs bien placé empêche le tireur de marquer.

Rogério Ceni est un footballeur brésilien qui est actuellement le gardien ayant marqué le plus de buts au monde : il a mis 84 buts, surpassant le score de José Luis Chilavert, qui en avait marqué 62.
Il y a 6 joueurs portant le numéro 8.
Les vois-tu ?

Martin 6 Fred 18 Marin 16 Jors 4 Jor 14 Feder 8

LE FOOTBALL FÉMININ

Petit à petit, les femmes sont devenues de plus en plus présentes dans le monde du football, surmontant les difficultés qu'impliquait le fait de se faire une place dans un sport traditionnellement masculin. Le football au féminin est là pour rester et pour gagner.

Combien y a-t-il de joueuses en tout sur cette page ?

Après la Seconde Guerre mondiale, le football féminin a commencé à se développer. Toutefois, les premières rencontres internationales officielles entre les sélections de plusieurs pays n'ont pas eu lieu avant 1972. La pratique professionnelle de ce sport s'est rapidement imposée. Une jeune fille a changé son numéro et son écusson de côté. La vois-tu ?

Nommée quatre fois joueuse de l'année par la FIFA entre 2006 et 2009, Marta Vieira da Silva joue actuellement pour un club américain. La Brésilienne est considérée comme la meilleure joueuse du monde.
Recherche 4 médailles.

Laura del Rio est l'une des figures majeures du football féminin espagnol. Elle joue actuellement aux États-Unis avec les Boston Breakers. Bien qu'il soit interdit de jouer avec un bracelet, 3 joueuses l'ont gardé... Retrouve-les !

Milene Domingues dite « Ronaldinha » est la joueuse de football féminin la plus connue chez les aficionados espagnols. Elle a été la femme de Ronaldo. 6 bouteilles d'eau ont été vidées. Cherche-les sur toute la page.

Les joueuses de football se blessent moins que les joueurs. Par contre, que ce soit chez les hommes ou chez les femmes ce sont toujours le même type de blessure. Trouve 1 trousse à pharmacie.

Les femmes ont une très bonne maîtrise du ballon. Trouve 6 joueuses avec un poignet de force.

LE MONDIAL

La Coupe du monde de football est le tournoi le plus important de ce sport dans sa version masculine. Cet événement sportif se déroule tous les quatre ans depuis 1930. En 2010, le Mondial s'est déroulé en Afrique du Sud et c'est l'Espagne qui a gagné.

5 oiseaux se sont introduits dans le stade. Les vois-tu ?

Le très convoité trophée de la Coupe du monde mesure 36,8 cm de haut et il est réalisé avec 5 kilos d'or massif 18 carats ; il est doté d'une base de 13 centimètres de diamètre entourée par deux anneaux en malachite ; il pèse 6,175 kg et représente deux personnages humains qui soutiennent la planète Terre. Il y a 1 trophée qui n'a rien à voir avec le football. Le vois-tu ?

Mondial 2010

La dernière Coupe du monde s'est tenue en Afrique du Sud entre le 11 juin et le 11 juillet 2010. C'était la première fois que ce tournoi se disputait en Afrique, et la sélection espagnole en a été le grand vainqueur. Sur toute la page, tu pourras voir 5 fois la mascotte du Mondial.

Pour accueillir cet évènement important, on a rénové ou construit de grands stades, comme le FNB Stadium à Johannesburg et le stade Moses-Mabhida à Durban. Cherche sur toute la page les 3 billets d'entrée.

Comme toujours dans ce type d'évènements, un logo, un nouveau ballon officiel et une mascotte aux couleurs du pays d'accueil ont fait leur apparition : la mascotte était un léopard aux cheveux verts appelée Zakumi. Peux-tu trouver 6 logos comme celui-ci ?

SOUTH AFRICA 2010

Le trophée original n'est pas remis à l'équipe gagnante. Même s'ils peuvent le garder pendant 4 ans et qu'ils détiennent des droits sur lui, ils ne reçoivent qu'une copie (un trophée en plaqué or au lieu d'or massif).

Le nom de l'équipe championne est gravé à la base du trophée. Trouve 2 léopards.

Lors d'une exposition au Brésil, des voleurs ont dérobé le **premier trophée** de la coupe du monde. Il n'a jamais été retrouvé. Cherche le trophée d'aujourd'hui !

LES STARS

Le football a aussi ses héros ou ses « demi-dieux ».
La majorité d'entre eux sont encore en activité, mais
il y en a beaucoup qui ont raccroché leurs crampons et
qu'on admire encore.

Parmi ces billets, il y en a deux qui sont faux.
Les vois-tu ?

Il n'est pas rare de voir des footballeurs
faire de la publicité pour toutes sortes
de produits : des vêtements de sport, des
voitures... Un des joueurs a une
chaussure couleur or.
Le vois-tu ?

Les « stars du football » gagnent des sommes énormes
complétées par les cachets qu'ils touchent en faisant de la
publicité. Tous les jeunes veulent être comme eux, porter
les mêmes habits, se déplacer dans les mêmes voitures, vivre
de la même façon... Trouve 1 billet de 10,
de 20 et de 100 euros.

Dans les endroits où se concentrent ces
stars, on trouve toujours des groupes de
fans qui essaient d'obtenir
un autographe ou une
photo. Retrouve le
ballon en un seul
exemplaire.

Durant leur carrière professionnelle, les
meilleurs joueurs sont nominés pour le
« Ballon d'or », un prix très prestigieux qui
distingue son détenteur comme le meilleur
joueur de l'année. Trouve l'écusson
du F.C. Barcelone.

Qui n'a pas entendu parler de Maradona, dit
« Pelusa » ? Il a été l'un des grands du football
mondial, même si son image est très
controversée. Recherche 2 joueurs qui
portent l'écusson du Real Madrid.

Le vétéran Oliver Kahn occupe la quatrième position du « Classement mondial perpétuel des gardiens de but ». Actuellement, la deuxième place est occupée par Iker Casillas, le gardien du Real Madrid. Vois-tu 7 joueurs dont le numéro de maillot est répété ailleurs ?

Le plus grand de tous est Pelé, le célèbre joueur brésilien. Il a été choisi pour établir la liste des meilleurs joueurs de tous les temps, le « FIFA 100 ». Trouveras-tu 2 « ballons d'or » ?